Hubert Metzger · Hermann Josef Roth

WESTERWALD

DIE SCHÖNSTEN LANDSCHAFTEN IN DEUTSCHLAND

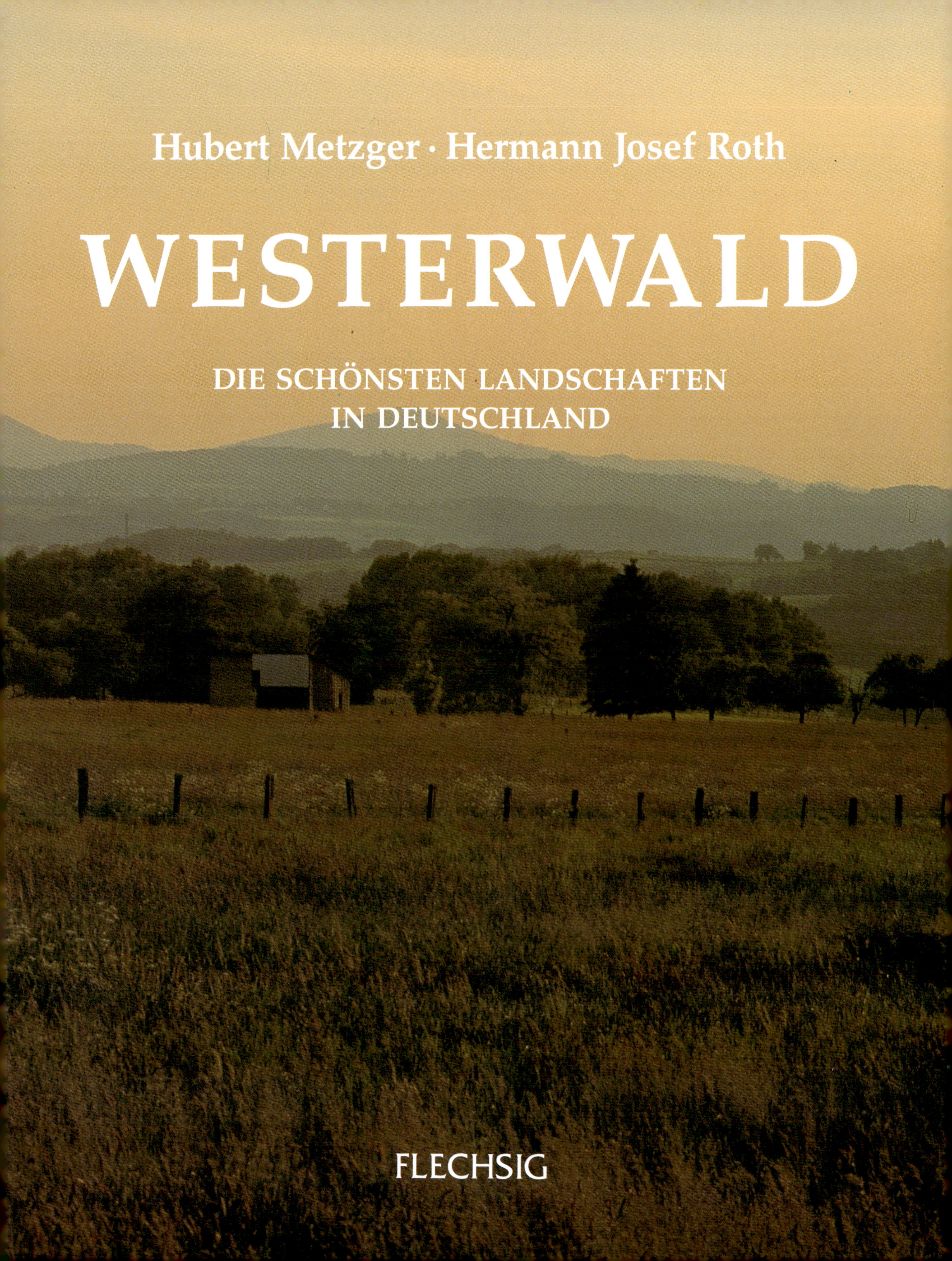

FLECHSIG

Titelseite:
Großes Bild: Die Karlsburg in Bad Ems
Kleine Bilder von oben nach unten:
– Altstadt von Herborn
– Heisterberger Weiher bei Driedorf
– Basalt-Blöcke im Ketzerstein bei Weißenberg
– Schloß der Fürsten zu Wied

Rücktitel:
Weingärten an den Flanken des Gelbachtales

Seite 1: In Waldlandschaften mit ursprünglich überwiegendem Laubholz wie dem Westerwald ist der Fachwerkbau vorherrschend. Die Verzierung des Gerüsts durch Schnitzereien wie hier auf dem Rebstock in Montabaur ist seltener zu finden und regional unterschiedlich.
Seiten 2/3: »Achtes Weltwunder« nannte Alexander von Humboldt das Siebengebirge, dessen Silhouette die Nordwestgrenze des Westerwaldes markiert. Hier kommen auf engstem Raum fast alle Erscheinungen des Vulkanismus zusammen, was nicht zuletzt auch Goethe staunend bewunderte.
Seite 5: Das Wappen erinnert an Graf Heinrich IV. von Sayn, der um 1580 Schloß Friedewald bei Daaden erbaute. Die flankierenden Plastiken an der Schloßmauer verkörpern allegorisch die Tugenden der Weisheit und Gerechtigkeit.
Seiten 6/7: Die Wanderschäferei hat mit Zunahme der Brachflächen eine neue Bedeutung erlangt, nicht zuletzt aufgrund ökologischer Erfordernisse. Die weidende Herde auf dem Hohen Westerwald wirkt der ständig drohenden Verbuschung entgegen.
Seite 8: Der alte Kannenofen an der Emser Straße in Höhr-Grenzhausen wird von der Familie Peltner sorgsam gepflegt. Er vermittelt ein Bild von der früher üblichen Herstellung von Irdenware, deren traditionelles Grau-Blau sich neben moderner Keramik behauptet hat.

Die beigefügte Karte zeichnete Franz Toenniges

Bildnachweis:
Alle Schwarzweißabbildungen aus dem Archiv von Hermann Josef Roth

Die Deutsche Bibliothek – CIP-Einheitsaufnahme

Westerwald /
Hubert Metzger ; Hermann Josef Roth. –
Sonderausg. – Würzburg : Flechsig, 1999
ISBN 3-88189-260-5

Erscheint in Verbindung mit der Geschichts- und Kulturwerkstatt Westerwald
(Verein für Nassauische Altertumskunde und Geschichtsforschung e.V.
im Westerwaldkreis: „Werkstatt-Beiträge zum Westerwald“, Nr. 7)

Sonderausgabe für Flechsig-Buchvertrieb

Printed in Germany
ISBN 3-88189-260-5

HEINRICH GRAF ZU SAYN HAT UFS NEW
A. 15
D 80
AUFGERICHTET DIES GEBBW.

INHALT

Ketzerstein auf dem hohen Westerwald (Federzeichnung von Kiefer ca. 1930)

MEIN WESTERWALD

Eine Federzeichnung lieferte mir das Schlüsselerlebnis: Am Rande eines dürrbegrasten Hügels sind vierkantige Basaltblöcke aufgeschichtet. Deren scheinbar regelmäßige Anordnung suggeriert die Vorstellung einer Steinkanzel oder eines heidnischen Opferaltars. Vom Fels schweift der Blick über eine öde Landschaft, die sich fern im Dunkel verliert. Vom Sturm verzerrte Wolkenbahnen treiben drohend heran und geifern gegen die basaltischen Felsen. »Ketzerstein auf dem Hohen Westerwald« war handschriftlich vermerkt – das klang präzise und doch gleichermaßen phantastisch.

Unversehens war durch die bildhafte Dramatik meine kindliche Neugierde geweckt. Ferdinand Ebert, mein Onkel, zog mich vom Bild weg zum Fenster seines alten Pfarrhauses zu Oberelbert. Sein Finger beschrieb die Richtung, in der man gehen müsse, um zu den Steinen zu gelangen: Immer weiter nach Norden, wo die Berge ständig höher werden, bis sie in der Fuchskaute ihren höchsten Punkt erreichen. Dann sei es nur noch ein kleines Stück Weges.

Noch Jahre sollte es dauern, bis ich als Heranwachsender den Weg auf den Hohen Westerwald finden würde. An einem Herbsttag blickte ich erstmals vom Ketzerstein in die karge Landschaft: Als wollte die vielgeschmähte Gegend ihren Ruf widerlegen, verzogen sich die Frühnebel aus den flachgründigen Talmulden, und die Sonne brach mächtig hervor. Licht ließ die Konturen einer sanftwelligen Hochfläche hervortreten, auf der die höchsten Erhebungen des Westerwaldes sich wie sanfte Kuppen abzeichneten. Zwischen Viehweiden und langen Äckern schoben sich schmale Fichtenstreifen als dunkelgrüne Riegel ins Land, um den Kräften von Wind und Wasser entgegenzuwirken – Erinnerung an überholte Maßnahmen herzoglich-nassauischer Forstleute. Der unverhoffte Glanz dieses Herbsttages brachte es an den Tag, was ich längst zu wissen meinte: Der Westerwald ist ganz anders, als man ihn in all den Geschichten dargestellt hat!

Nein, dem Urteil des Wilhelm Heinrich Riehl darf man sich nicht anschließen. Auf den wirkte einst diese Hochfläche mit ihren Basaltblöcken »als habe der Himmel in seinem Zorn Felsen gehagelt«. Von ihm stammen auch »Verzällcher«, da oben herrsche drei Monate Winter und sei es drei Monate kalt; oder die Kirschen benötigten zwei Jahre zum Reifen, weil der Bauer sie im Herbst am Baum wenden müsse, damit die seltene Sonne auch die andere Fruchtseite bescheine. Die Wärme des bunten Herbsttages und ein Blick auf die Klimakarte entlarvten diesen meteorologischen Unsinn, den ich nie richtig glauben mochte. Etwas Richtiges hat der alte Riehl aber doch gesagt, als er 1911 schrieb: »Wenn man bei den Bewohnern Umfrage hält, wo denn nun der ›eigentliche‹ Westerwald beginne, so wird man immer weiter nordwärts gewiesen; hat man endlich den höchsten Kamm des Gebirgs erreicht, so weisen einen die Leute wieder nach dem Südhang zurück.«

Auch meine Verwandten in Guntersdorf und Herborn fragten, ob ich »vom Westerwald« käme, als ich damals vom Ketzerstein zur Dill hinabstieg. Und bei meinen vielen Streifzügen bekam ich immer wieder zu hören, hier sei kein Westerwald: am Siebengebirge nicht, noch weniger im »Hinterland«, weder auf der Denzer noch auf der Asbacher Heide.

Offenbar ist dieser Westerwald ein sehr schwieriger Partner. Wie eine scheue Geliebte scheint er sich jedem Annäherungsversuch entziehen zu wollen. Wer das jedoch als Spiel durchschaut, wird geradezu verwöhnt durch eine Schönheit, die sich nach und nach enthüllt. Zuerst war »Westerwald« ja nur die Gegend um den Ketzerstein, wie mich eine Haigerer Urkunde von 1048 belehrt. Nur zögernd griff die Bezeichnung seitdem auf angrenzende Gebiete über, mal willkürlich beansprucht, mal unbegründet verworfen. Eindeutig enthebt uns die Natur langer Diskussionen: Westerwald ist die Hochfläche zwischen den Tälern von Rhein, Lahn und Sieg.

Auf meinem Weg vom Ketzerstein zur Dill schien der Westerwald immer neue Facetten seines Wesens preiszugeben. Bald hinter dem Heisterberger Weiher vollzog sich abrupt ein Szenenwechsel. Auf der Viehweide neben der Straße türmten sich unter stacheligen Hecken schwere Basaltbrocken. Gegenüber der Melancholie des Vordergrundes belebte sich die Ferne zu starkem Kontrast: Rinnsale und Bäche ha-

Ruine der Klosterkirche Heisterbach im Siebengebirge (19. Jh.)

ben das Hochplateau, das im Osten zur Dill abfällt, an seinen Rändern regelrecht zerfranst.

Zutage tritt hier Schiefergestein, auf dem ich später ebenso in Eifel und Hunsrück, im Taunus, wie im Bergischen wandern sollte und das mich heute anleitet, »Rheinland« als Einheit zu begreifen. Das nachgiebige Gestein, das im Hohen Westerwald vom Basalt zugedeckt ist, gestattet den Naturkräften ungehindertes Modellieren. Ergebnis ist ein ganz anderer Westerwald, als er sich um die höchsten Erhebungen darbietet. Und dieser »andere« Westerwald hat im Rechtsrheinischen zwischen Lahn und Sieg den weitaus größten Flächenanteil. Von den Höhen zu den Randlandschaften verzeichne ich seitdem auf allen Wegen einen Bildwechsel von herber Monotonie, über wechselhafte Anmut bis zur Dramatik des krassen Abbruches der Hochflächen zu den Flüssen.

Krämerladen in Holler (1909) - Colonialwaren von Anton Roth

Menschenschlag und Lebensart scheinen dem mitunter getreu zu entsprechen. Damals also, noch ganz an die Stille der freien Landschaft zwischen Barstein und Höllkopf gewöhnt, packte mich dann in Driedorf um so unerwarteter fröhlicher Trubel. Auf dem Platz vor der wunderschönen Barockkirche saß man an langen Tischen bei Bier, Wecken und »Wurscht«. Eine Blaskapelle spielte zum Tanz. Und diese angeblich so verschlossenen Menschen rückten zusammen, um den Fremden herzlich in ihrer Mitte aufzunehmen. Ich weiß heute noch immer nicht, was damals eigentlich gefeiert wurde und habe nur behalten, daß ich dort eine fröhliche Stunde erlebt hatte.

Im Unterwesterwald wäre ich kaum unversehens in eine öffentliche Festversammlung geraten. Hier läßt nämlich die ganze Gegend lieber beizeiten wissen, was die Stunde geschlagen hat. Höchstes Fest im Jahr ist zweifellos die Kirmes, und das tut man weithin kund. In Holler durfte ich als Kind bei den Vorbereitungen helfen. Wochenlang bliesen wir Eier aus. Hundertfach fand ich die fast unversehrten Schalen danach zu einer kunstvollen Krone zusammengefügt am Kirmesbaum wieder. Leise schwankte der »Eierkranz« im Wind und lud zum Feiern. Unter der schalenleichten Krone sah ich voller Stolz meine älteren Vettern den Eröffnungstanz drehen.

Ungebrochen lebt die Kunst zu feiern in den Dörfern und Städten fort. Meine alte Tante in Holler sah ich hochbetagt mit ihren abgearbeiteten Händen den Takt zu lustigen Liedern klatschen. »Aich dun de Feste feiere, wie se falle«, meinte sie.

Doch nicht zu allen Zeiten war den Westerwäldern zum Feiern zumute, wußte mein Vater. Als vor hundert Jahren das »Land der armen Leute« nicht genug Auskommen bot, suchten viele ihr Heil beim Militär, im Bergbau an Sieg und Ruhr oder unwiderruflich in Übersee. Mein Großvater setzte zweimal auf die falsche Karte: Herzog Adolf verabschiedete ihn an der Donau nach der Niederlage gegen Preußen; aus den Schächten von Herdorf kehrte er mit Staublunge zurück und war zu qualvollem Siechtum verurteilt. Nicht alle ergaben sich in ihr Schicksal. Einer von ihnen galt uns stets als Beispiel: Friedrich Wilhelm Raiffeisen. In Weyersbusch besuchte ich das »Backes«, das den Armen, die er genossenschaftlich im »Brodverein auf Treu und Glauben« organisiert hatte, Brot lieferte.

Das war noch gut zu verstehen. Sonst aber habe ich lange nicht durchgeblickt, wo es langging in der verworrenen Geschichte des Westerwaldes. Seitdem der Mensch aus uralten Siedlungskammern an Rhein und Lahn in den Urwald vordrang, ihn lichtete und rodete, war die Gegend umstritten. Während auswärtige Mächte um territoriale Vorteile rangen, lernten die Westerwälder, sich selbst Nächster zu sein. Die Fernwege, die seit vorgeschichtlicher Zeit das Land durchziehen, ließen nicht immer nur Gutes zurück. Was an Kostbarkeiten auftauchte, war für andere bestimmt. Da karrten nämlich Kaufleute ihre Waren zu den Messen in Köln, Frankfurt oder Leipzig, da wurde Siegerländer Erz zum Rhein und Main verfrachtet, da geleitete man Kaiser oder Reichskleinodien zur Krönung nach Frankfurt oder Aachen. Da erlebten die Westerwälder oft nur die Last durchziehender Truppen oder die Zudringlichkeit ungebetener Gäste. Die angebliche

Seltene Ansicht von Montabaur -
Blick auf den Schloßberg vom Viehmarkt (1908) - heute Konrad-Adenauer-Platz

Verschlossenheit meiner Landsleute erweist sich vor diesem Hindergrund als kluge Vorsicht. Wie gut verstehe ich da den letzten Posthalter in Freilingen, der manche schuldige Zeche abschreiben mußte. Er malte in Schnörkeln an sein Haus (1775): »Bewahre uns, o Herr, vor unseren Freunden.«

Bewußte Selbstisolierung, das war vielleicht die eine Seite, die andere aber: Offenheit für die Einflüsse von außen, denen der Westerwälder auch so vieles zu verdanken hat. Außerstande, eigene kulturelle Zentren zu bilden, ging er auswärts zur Schule oder holte sich seine Meister von fernher. Die zahlreichen romanischen Dorfkirchen verraten mir, wie segensreich sich das Können kölnischer, trierischer oder mainzischer Architekten ausgewirkt hat. Dazu boten die Baustellen Arbeit und Brot. Ich denke an den Umbau mittelalterlicher Burgen zu barocken Residenzen, an die Errichtung feudaler Klosterschlösser - sie bedeuteten nicht nur mühsame Plage für Handwerker und Tagelöhner, sondern auch klingende Münze, die der Westerwälder in diesem Maße nie dem kargen Boden seiner Heimat hätte entringen können. Freilich mußte man nicht selten den Arbeitsplatz mit Ausländern teilen, hatte gar der Order fremder Zunge zu parieren. Ohne die Fremden wäre der Westerwald nicht was er ist. Und Westerwälder, das war auch immer der Jude, das ist ebenso der Türke oder Kurde. Ich denke an Sanguinetti und Sebastiani, die das Montabaurer Schloß gestalteten, an Carlo Cerutti, der die Stukkaturen der Hachenburger Residenz schuf.

Wo jahrhundertelang eher Mangel als Überfluß herrschte, suchte man umso inniger Trost in der Religion. Aberglaube und Kirchenlehre gingen dabei Hand in Hand, solange ich mich entsinnen kann. Zur Erfüllung unserer Wünsche steckten wir oft der Muttergottes in Wirzenborn oder auf dem Westerburger Reichenstein ein Lichtlein an, zum Schutz vor Krankheit tranken wir aus dem Heilbörnchen bei Dernbach. Was die Leute auf dem Hohen Westerwald und im Dillgebiet alles an Pflanzenzauber kannten, hat mir Karl Löber aus Haiger verraten, der darüber Bescheid wußte wie kein anderer.

Im Kloster Marienstatt wähnten wir uns als Kinder dem Himmel besonders nahe. Mönche in weißen Gewändern lehnten im dunklen Gestühl, summten monotone und unverständliche Gesänge, schwenkten ihre viel zu weiten Ärmel und erzeugten jenen Schauder, der einen geneigt macht, auch manchmal Unglaubliches zu glauben.

An einem Sonntag hörte ich eine erbauliche Predigt des Abtes über die himmlische Glückseligkeit. Tief beeindruckt fragte ich meinen Nachbarn, wie er das Kanzelwort aufgenommen habe. »Kaaner hot et geseh'n«, meinte er trocken, der Westerwälder, wie es so seine Art ist.

Schau ich dem Volk aufs Maul, wie es der Luther empfahl, so merkte ich bald, daß es den einen Westerwälder Dialekt gar nicht gibt. Westerwälder Platt klingt in sei-

Alte Fotografie von Westerburg

nen nördlichen und südlichen Varianten stets anders, oft von Dorf zu Dorf unterscheidbar. Wie immer stoßen auch sprachlich viele Grenzen zusammen und überlappen sich hier. Das breite Platt, dessen man sich früher schämte, ist inzwischen wieder zu Ehren gekommen. Solide Heimatdichtung hat die Mundart in Form gebracht und dabei nicht einmal vor der Bibel zurückgeschreckt. Da klingt es dann am »Wäller Chresdag« unnachahmlich aus Prophetenmund: »Rappel deich off, losset höll werrn öm deich römm! Dei Licht kömt, ön d'wirsch usem Harrgod sei Herrlichkaat erlewe.« (Jes. 60,1). Das war schon moselfränkisch, wie es vielfach abgewandelt im ehemals kurtrierischen Gebiet zu hören ist. Hinter Altenkirchen oder Dillenburg, im alten Kurköln oder Kurmainz würde man Gottes Wort anders verkünden.

Wie ich vergeblich Westerwälder Platt suchte, so erfolglos war ich, als ich den typischen Baustil, das Westerwälder Bauernhaus etwa, ausfindig machen wollte. Was heute liebevoll restauriert unter Denkmalschutz steht, ist immer wieder anders. Das »typische« Bauernhaus, wo man »Unter den langen Dächern« armselig lebte, wie der Roman von Fritz Philippi beschreibt, sieht im bergischen und hessischen Westerwald ganz anders aus.

Erst als ich meine Reisen über Rhein, Lahn und Sieg hinaus ausdehnte, wurde ich gewahr, daß nicht nur Mundart und Hausbau die entscheidenden Impulse von auswärts erhielten, sondern ebenso handwerkliche und künstlerische Techniken und Motive. Ob Fachwerkschnitzereien, Keramiken der Kannenbäcker oder die Art sich zu kleiden – stets lassen sich die Wurzeln zurückverfolgen bis zu ihren auswärtigen Ursprüngen. Wie das alles aber aufgenommen und umgewandelt worden ist, wie jeder Westerwald-Teil das Ergebnis anders vorstellt, darin liegt nach meinem Empfinden die besondere Faszination dieser uneinheitlichen Landschaft, die noch gar nicht so lange Westerwald heißt.

Im Ketzerstein bei Weißenberg ist der Basalt zu Blöcken und nicht wie sonst oft zu Säulen erstarrt, als glutflüssiges Magma während der »Braunkohlenzeit«, dem Tertiär, im Hohen und rheinnahen Westerwald an die Erdoberfläche drang.
Seite 17: Die »nuve kirch« von Stein-Neukirch, dem höchstgelegenen Dorf, wird schon 1231 erwähnt und markiert jene Landschaft, auf die 1048 erstmals die Bezeichnung Westerwald Anwendung fand. Gußeiserne Grabkreuze kamen aus Siegerländer oder Rheinischen Hütten.
Links: Das Wildweiberhäuschen bei Langenaubach ist Rest eines Korallenriffs aus dem warmen Devonmeer, das vor etwa 350 Millionen Jahren diesen Raum überflutete. Der Riffkalk setzt sich in der Umgebung fort und zeigt alle typischen Karsterscheinungen.
Seite 20/21: Durch Kahlschlag und Viehauftrieb entstanden einst in den rheinischen Mittelgebirgen sogenannte Wacholderheiden. Heute sind sie selten geworden und stehen als vom Menschen verursachte Landschaftsbestandteile unter Naturschutz, wie hier im Hinterland bei Hohenahr-Ahrdt.

Seit der Eisenbahnbau eine Laufänderung erzwang (1857/59), bildet die Sieg bei Schladern ihren einzigen Wasserfall. Geologische Ereignisse hatten sie immer wieder zur Verlagerung ihres Bettes veranlaßt, wie benachbarte Altarme und Trockenrinnen zeigen.

Schloß Schönstein bei Wissen thront burgartig auf steilem Fels zwischen Sieg und Elbbach. Wo zunächst kurkölnische Amtleute Dienst taten, haben seit langem die Grafen von Hatzfeld ihren Sitz, denen die Anlage im wesentlichen ihr heutiges Aussehen verdankt.

Fürst Wilhelm V. von Nassau-Dillenburg ließ 1707–11 den Heisterberger Weiher bei Driedorf als Fischteich und Rückhaltebecken anlegen. Heute wird er, wie auch die benachbarte Krombach-Talsperre, von Campern und Wassersportlern aufgesucht.
Links: Der naussau-weilburgische Hofbaumeister Julius Ludwig Rothweil machte die ursprünglich romanische Dorfkirche von Daaden zu einer »der besten Schöpfungen des protestantischen Barock im Westerwald« (1722–24).

EVANGELISCHE
SOZIALAKADEMIE

Seit 1967 darf sich Marienberg, einer der Kernorte des Westerwaldes, »Bad« nennen. Die Stadt (seit 1939) hat dem konsequent Rechnung getragen und alle nötigen Einrichtungen zur Anwendung von Wassertherapien nach Kneipp geschaffen.
Links: Hinter den abweisenden Mauern verbirgt sich der Hauptbau von Schloß Friedewald, dem einzigen Renaissance-Bauwerk des Westerwaldes, das vielleicht dem Heidelberger Schloß nachgebildet ist.

Der von hübschen alten Häusern umrahmte Marktplatz von Hachenburg wird an seiner östlichen Schmalseite von der evangelischen Pfarrkirche überragt.

LOTTO
Pizza
Pasta

Das Chorgestühl der Klosterkirche Marienstatt wurde um 1300 aufgestellt und liefert eines der ältesten erhaltenen Beispiele seiner Art. Stilistisch ist es mit Schnitzwerken Kölner Herkunft eng verwandt.

Von der mittelalterlichen Zisterzienserabtei blieb die gotische Kirche (1243, 1324) unversehrt erhalten. Sonst finden sich im Westerwald nur wenige Monumente aus dieser Stilepoche. Die Konventgebäude wurden im Barock neu aufgeführt (1747) und tragen dem damaligen Repräsentationsbedürfnis Rechnung.
Seite 30/31: Im Landschaftsmuseum Westerwald wird überwiegend bäuerliche Kultur des oberen Westerwaldes gezeigt. Ein Teil der Sammlungen ist in alten Fachwerkbauten, die man hier wiederaufgebaut hat, untergebracht.

Die alte Klostermauer in Marienstatt stimmt nachdenklich. Sie mag den legendären Mönch von Heisterbach in Erinnerung rufen, der über die Ewigkeit grübelte und derweil den Anschluß an seine Zeit verlor.

Über die Nisterbrücke bei Marienstatt führte eine alte Nebenstrecke der Fernstraße von Köln nach Leipzig.
Seite 36/37: Der Druidenstein bei Herkersdorf zeigt die typische Meilerstellung des zu prismatischen Säulen erstarrten Basalts.

Das Kreuzherrenkloster Ehrenstein (gegr. 1486) bei Neustadt an der Wied ist auch heute noch eine Stätte der Stille und des Gebetes. Die spätgotische Kirche besitzt hervorragende Glasmalereien kölnischer Herkunft. Die Fenster im Chor (um 1470/80) zeigen biblische Szenen und darunter die Stifter mit ihren Wappen.

Dem Schloß der Fürsten zu Wied verlieh 1706 der nassau-weilburgische Baudirektor Julius Ludwig Rothweil sein barockes Gepräge. Der Frankfurter Baumeister Behagel von Adlerskron vollendete 1748-56 die Anlage. Statt der geschlossenen Hufeisenform nach dem Vorbild von Versailles bevorzugte man hier eine lockere Bauweise mit Einzeltrakten.

Das Fachwerk des alten Hauses in Maxsain (17. Jh.) beeindruckt durch seine »ungewöhnliche Holzstärke«.
Seite 42/43: Anders als in Marienstatt hat man beim barocken Umbau des Prämonstratenserstifts Rommersdorf in Neuwied im 18. Jahrhundert die mittelalterlichen Teile behutsam miteinbezogen und so erhalten können.

Die Burg Grenzau wacht mit ihrem dreieckigen Bergfried (14. Jh.) über dem schluchtartigen Brexbachtal. Unter ihrem Schutz entfaltete sich das kleine Dorf, dessen Gasthaus fein geschnitztes Fachwerk besitzt, das inschriftlich 1631 entstand.
Seite 46/47: Im Kannenbäckerland pflegen einige Werkstätten noch heute die handwerkliche Herstellung von Töpferware, die sich wohltuend von der industriellen Massenproduktion abhebt.

Den traditionellen Keramikerzeugnissen, darunter der Siegerländer »Mäckes«, eine volkstümliche Henkelkanne (oben rechts), stehen die Schöpfungen moderner Künstler und Kunsthandwerker (unten) gegenüber, deren beste Arbeiten alle zwei Jahre mit dem »Westerwaldpreis für Keramik« ausgezeichnet werden.
Seite 50/51: Im Schatten einer kurtrierischen Burg entwickelte sich die Stadt Montabaur. Der Name rührt aus der Kreuzzugszeit, als der Trierer Kurfürst-Erzbischof den Burgfelsen mit dem biblischen Berg Tabor (= Mons Tabor) verglich. Die Montabaurer Altstadt bietet mit den vielfältigen Giebelformen der Häuser ein abwechslungsreiches Straßenbild.

Der wuchtige Bergfried des Montabaurer Schlosses ist im Kern noch mittelalterlich. Bei der Umwandlung der alten Burg in ein barockes Schloß (1686–99) blieb der wehrhafte Charakter der Anlage erhalten. Das kurtrierische Wappen erinnert an die ehemaligen Schloßherren, die mehrmals im Jahr hier residierten.

Inmitten der Weinberge bei Leutesdorf, ganz am Rande des Westerwaldes, erhebt sich die ehemalige Burg Arenfels, die durch den Kölner Dombaumeister Ernst Friedrich Zwirner schließlich ihre schloßartige Gestalt in neugotischen Formen erhielt (1855). Englische Schlösser mögen als Vorbild gedient haben.
Rechts: Reiche Schnitzerei ziert ein Fachwerkhaus in Molsberg, das 1688 für den Schultheißen erbaut worden ist.

Von Bad Hönningen bis Bad Ems zogen die Römer ihren Grenzwall, den Limes, über den Westerwald. Als Südländer schätzten und sicherten sie nicht zuletzt die warmen Quellen der Bäder. Ausgrabungen haben die Fundamente alter Wachtürme freilegen können, wie diesen bei Eitelborn.

Kultur und Geschichte des Westerwaldes sind undenkbar ohne den Beitrag der Juden, die im Rheinland bereits lebten, ehe man das Wort »deutsch« kannte. Heute sind es fast nur noch Friedhöfe, wie der in Montabaur, die das Andenken an sie wachhalten.
Seite 58/59: *In engen Mäandern gräbt sich die mittlere Wied in das Bergland. Zwischen dem Ursprung im Dreifelder Weihergebiet und der Mündung in den Rhein wird eine Tallänge von 95 Kilometern erreicht, was die Wied zum längsten Fluß des Westerwaldes macht.*

Die Karlsburg heißt in Bad Ems schlicht Haus »Vier Türme«. Feldmarschall Freiherr Hans Carl von Thüringen wollte ortsgemäß ein Badehaus errichten (1696). Doch dann zogen kurtrierische Beamte und zuletzt das Statistische Landesamt ein.
Links: Ohne die Fremden könnte die Geschichte der Westerwälder Territorien, Städte und Gemeinden nicht geschrieben werden. Die Russische Kirche St. Alexandra (1874-76) in Bad Ems diente ursprünglich vornehmen Kurgästen. Heute hält hier die Gemeinde der russisch-orthodoxen Auslandskirche ihre Gottesdienste.

Reiche Schnitzereien zieren die Treppenlaube (1643) am alten Rathaus von Hadamar.

Die Franziskaner des 1637 in Hadamar gegründeten Klosters sollten durch ihre Gebete zum Seelenheil der in der Gruft der Klosterkirche (1658–66) beigesetzten Fürsten von Nassau-Hadamar beitragen. Die Greuel der Nazis in der »Heilanstalt« Mönchberg haben diese Stätte schauerlich entweiht.
Seite 64/65: Die Kirche in Hahn am See zeichnet sich durch eine Innenausstattung im typischen Westerwälder Barock aus. Die Bildwerke entstammen der Hadamarer Schule, die sich einer bodenständigen Kunst verschrieben hat.

IHS
Heilige Maria
Mutter
bitte für uns!

IHS
Heilige Margaretha,
Schutzpatronin der Kirche,
bitte für uns!

Die alte Baumallee schafft einen stimmungsvollen Zugang zum Molsberger Schloß.

Anstelle einer mittelalterlichen Burg ließ der Trierer Kurfürst und Erzbischof Johann Philipp von Walderdorff seit 1760 ein Barockschloß errichten, das aber unvollendet geblieben ist.

Leben und Tod scheinen in dem Idyll auf dem Friedhof von Salz ihre Gegensätzlichkeit zu harmonischem Einklang umzustimmen.
Links: Den Chor der Friedhofskapelle in Elbtal-Dorchheim zieren Wandgemälde aus dem 15. Jahrhundert mit Szenen aus dem Leben Christi. Das Gebälk ist mit reicher Schnitzerei versehen.

RATHAUS

Im Wald versteckt liegt bei Winkels die »Maienburg«, die richtig Eigenburg heißt. Graf Johann von Nassau Dillenburg wollte mit ihrem Bau (vor 1328) seine Herrschaft in diesem Raum sichern. Halbrunde Ecktürmchen am Sockel des ehemaligen Bergfrieds deuten auf französische Vorbilder.
Links: Burg und Stadtrechte besaß Mengerskirchen schon im 14. Jahrhundert, Marktrechte kamen später hinzu. Dennoch gab der Landesherr und nicht der Bürger hier lange den Ton an. So haben die verschiedenen Grafen von Nassau innerhalb eines Jahrhunderts ihre katholischen Untertanen zu Lutheranern, Reformierten und wieder zu Katholiken gemacht.

Die »Westerwälder Seenplatte« ging aus einer Arbeitsbeschaffungsmaßnahme nach dem Dreißigjährigen Krieg hervor, als der Graf von Wied saure Wiesen bei Freilingen und Dreifelden zu Fischteichen umwandeln ließ. Von den sieben Gewässern dient der abgebildete Postweiher heute auch dem Wassersport, während der benachbarte Brinkenweiher unter Naturschutz steht. Der frühere wiedische Gutsbezirk Seeburg hat sich dem Fremdenverkehr zugewandt.

Der zweistöckige Fachwerkbau (1741) in Rehe ist Rathaus und Kirche in einem. Hier seltene Ausnahme, sind solche Mehrzweckbauten im hessischen Westerwald, vor allem im Hinterland, weit verbreitet. Reiches Schnitzwerk unterstreicht schon äußerlich die Bedeutung des Bauwerks. Die Bemalung der Kirchenbänke scheint den evangelischen Ernst des Betsaales überspielen zu wollen.

Im Umkreis der Krombach-Talsperre vollzieht sich sanft der Übergang von der Hochfläche zum Dilltal.
Links: Der imposante Saalbau der Kirche von Driedorf (1821 27) verschafft dem Wort der Schrift einen Widerhall, der unüberhörbar und mittels der Architektur auch unübersehbar ist. Der vorspringende Mittelteil wirkt gleichermaßen machtvoll und einladend.
Seite 78/79: Der Basaltreichtum des zentralen Westerwaldes stellt noch heute eine wichtige Wirtschaftsgrundlage dar.

Weit schweift von der Burgruine Greifenstein der Blick über das Dilltal und die Hügel des Hinterlandes bis zum Dünsberg bei Gießen, um in der Ferne jenseits der Lahn noch die Taunushöhen zu erkennen.
Rechts: Die üppigen Stukkaturen (1686) an Decke und Fürstenloge der Schloßkapelle von Greifenstein erklären sich aus dem Umstand, daß die Burg zeitweise Residenz der Grafen von Solms-Greifenstein war. Joannes de Paerni schuf die Zierwerke, Kartuschen und Putten nach italienischem Geschmack.

Greifenstein gilt als »bedeutendste Wehranlage des Westerwaldes«. Seit 1602 zur modernen Festung ausgebaut, ist sie nie bezwungen worden. Links: Die frühere Roßmühle beherbergt heute das Deutsche Glockenmuseum.

Moselwinzer haben an den Flanken des Gelbachtales nahe der Lahn Wingerte angelegt. Der in Weinähr angebotene Tropfen steht kaum hinter anderen vergleichbaren Lagen zurück. Mit seinem spätgotischen Fachwerk-Rathaus aus dem 16. Jahrhundert besitzt Weinähr eine architektonische Kostbarkeit.
Rechts: Über den Ruinen der geschleiften Festung Dillenburg wurde der Wilhelmsturm in historisierendem Stil errichtet (1872–75).

Die Altstadt von Herborn ist die am besten erhaltene und reichste im Westerwald. Das Rathaus (1589-91) zeugt vom Selbstbewußtsein der Bürgerschaft. Den Markt und die anschließenden Straßenzüge säumen zahlreiche Fachwerkbauten aus dem 17. und 18. Jahrhundert, die oft reiches Schnitzwerk ziert.

Zierranken und Farbe vermögen die Strenge des Weltenrichters in dem Chorgewölbe der Kirche von Haiger kaum zu mindern. Wie furchtbar sein Spruch den verstockten Sünder trifft, lehren überaus drastisch weitere Bildfolgen (Ende 15. Jh.).

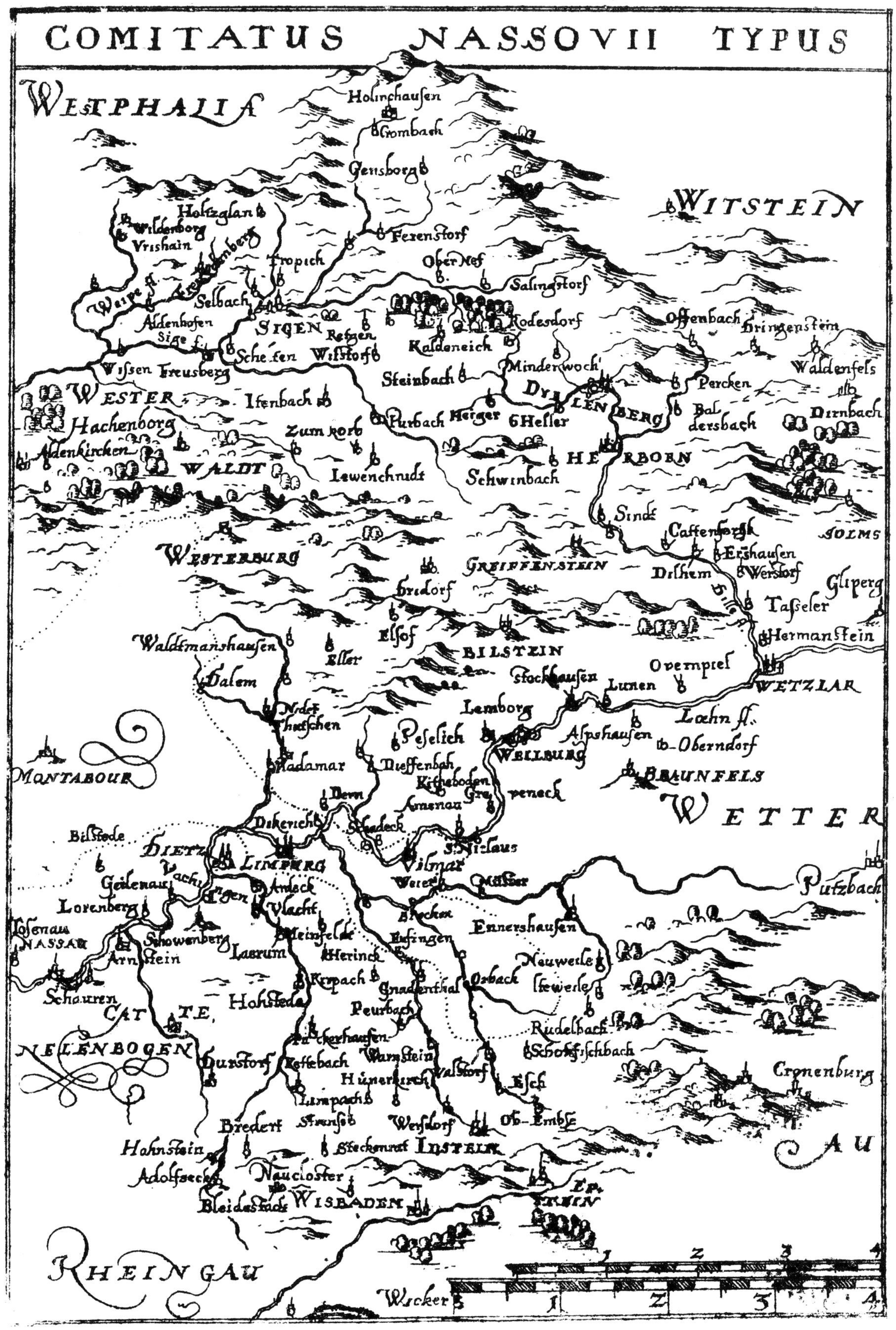

Älteste bekannte Karte mit Teilen des Westerwaldes von Wilhelm Dilich (16. Jh.)

DER WESTERWALD – EINE ORTSBESTIMMUNG

Die grüne Bewegung, alternative Lebensentwürfe, die Wanderer oder Heimatfreunde – sie alle mögen dazu beigetragen haben, daß die krassen Vorurteile abgebaut wurden, die eine bescheidene deutsche Mittelgebirgslandschaft so lange ins Zwielicht gerückt haben. Ein Marschlied der deutschen Wehrmacht half mit, falsche Vorstellungen vom Westerwald, über den der Wind so kalt pfeift, in das Bewußtsein der Deutschen und der Europäer hineinzutrampeln. Gleichermaßen sachlicher und sehnsüchtiger geworden, blickt die heutige Generation unbefangen auf eine Landschaft, die sich entschieden zu lange hinter dem Ruhm kaum stärker bevorzugter Gegenden versteckt hat.

Der Westerwald erscheint in der Tat auf den ersten Blick wenig dramatisch. Er ist ein »Gebirge innerhalb des Gebirges«. Inmitten des Rheinischen Schiefergebirges sägen Rhein, Lahn und Sieg diesen Gebirgsblock aus der Gesamtmasse.

Geboren aus Sedimenten des Erdaltertums, zum Teil überformt von geologischen Ereignissen der Erdneuzeit, verleiht das naturgeschichtliche Schicksal dem Westerwald seinen unverwechselbaren Charakter. Recht handlich hat man Rhein, Lahn und Sieg als Demarkationslinien festgelegt, die den Übergang zum Bergischen Land, zur Eifel und zum Taunus markieren sollen. So bequem das sein mag, so ungenau ist es! Gerade die Tallandschaften innerhalb des Rheinischen Schiefergebirges sind eigenständige Naturräume und uralte Siedlungskammern. Dem bestimmenden Einfluß dieser Aktivzonen war und ist das Hochland dazwischen entscheidend ausgesetzt. Man kann nur dann den Westerwald restlos verstehen, wenn man die Tallandschaften am Rande und ihre tonangebende Rolle wirklich begreift. Aus dieser Sicht versteht man die Herkunft des Namens Westerwald auch leichter. Er wurde im elften Jahrhundert in einer Haigerer Urkunde formuliert und meinte den Wald im Westen des Königsgutes in Herborn oder Haiger. Anfänglich umfaßte dieser die Kirchspiele von (Stein-)Neukirch, Emmerichenhain und (Bad)Marienberg. Erst langsam benannte er auch weitere Teile des Gebirges zum Teil bis in die Randzonen.

Das Dilltal stellt die markanteste Teil- und Tallandschaft unseres Gebietes dar. Östlich der Dill bleibt der Landschaftscharakter in wesentlichen Zügen unverändert, auch dort ist noch Rheinisches Schiefergebirge bis kurz vor Marburg, so daß das Land im Lahnbogen zum Westerwald gerechnet werden muß. Die Geographen nennen den Großteil davon Gladenbacher Bergland. Der Volksmund spricht, einst von (Hessen-)Darmstadt aus gesehen, weniger respektvoll vom Hinterland.

Umgekehrt erweist sich der Norden des Berglandes außergewöhnlich stark an das Siegtal angebunden, so daß etwa die »Kroppacher Schweiz« – für manche Inbegriff einer Westerwälder Landschaft streng genommen nicht mehr zum Westerwald zu rechnen wäre.

Dautphetal-Mornshausen im Hinterland des Westerwaldes, östlich der Dill

Man sieht, daß sich die historischen, politischen oder populären Grenzen kaum einmal mit den von der Natur vorgegebenen decken.

Zwischen den Flußtälern und Ebenen wirkt dieses Mittelgebirge wie eine Barriere, die schon der vorgeschichtliche Mensch zu überwinden trachtete. Seit prähistorischer Zeit laufen wichtige Nord-Süd-Verbindungen über den Westerwald - angefangen von den Handelswegen der Menschen, die vor 2000 Jahren das Erz aus den Klüften der Siegerländer Erde zu schürfen begannen und in das Rhein-Main-Gebiet abtransportierten, bis zur Köln-Frankfurter Autobahn als der wohl am meisten befahrenen Fernstraße der Bundesrepublik Deutschland.

Als Durchgangsland ohne eigenständige Zentren blieb der Westerwald stets den Mächten und Mächtigen ausgeliefert, die von auswärts ihre Interessen anmeldeten. Der Rückzug der Kelten vor den anrükkenden Germanen verliert sich schwer faßbar im Dunkel der Vorgeschichte. Leichter zu deuten sind die Spuren des Limes, des Grenzwalles der Römer, die den südwestlichen Zipfel des Westerwaldes ihrem Imperium einverleibt hatten. Später reichten die fränkischen Gaue von den Talweitungen der »Grenzflüsse« in das Bergland. Dann steckten die Kurfürsten-Erzbischöfe von Köln, Trier und Mainz, die verschiedenen Linien des Hauses Nassau, die Landgrafen von Hessen und im Nordwesten die Grafen von Berg ihre Herrschaften ab.

Wie bedeutend am Ort selbst die Rolle derer von Wied, Isenburg, Sayn oder Solms und anderer adeliger Geschlechter auch gewesen sein mochte, keines konnte sich zu einer Macht aufschwingen, die das gesamte Land zu einer politischen Einheit hätte führen können. Bis heute ist der Westerwald innerdeutsches Grenzland geblieben, an dem drei Bundesländer Anteil haben: Hessen, Rheinland-Pfalz und Nordrhein-Westfalen.

Die Auseinandersetzungen der politischen Machthaber brachten der Bevölkerung kaum Nutzen. Die Heere, die auf den alten Fernstraßen über den Westerwald marschierten, zehrten an der Substanz. Von Greuel und Angst erzählen Urkunden aus der Zeit des Dreißigjährigen Krieges und der Koalitionskriege zu Ende des 18. Jahrhunderts oder Berichte von den Rückzugsgefechten der deutschen Armee-Einheiten am Schluß des Zweiten Weltkrieges.

In armseligen Hütten träumten die einfachen Menschen von einer besseren Welt oder doch von etwas mehr Alltagsglück. Uralter Volksglaube soll hie und da noch lange überlebt haben, und seltsame Bräuche sollen ausgeübt worden sein. Daneben aber war es das Christentum, das einst eine andere, bessere Ordnung zu verheißen schien. Die natürlichen Einfalltore der Kölner Bucht, des Limburger Beckens oder des Marburg-Gießener Lahntales nutzend, missionierten Kölner, Trierer und Mainzer Glaubensboten von Rhein und Lahn her. Ihnen folgte die Kultur der weiten Welt. Fremde Baumeister errichteten an den Stützpunkten der Mission erste steinerne Bauwerke. Solche uralten Kirchen in romanischem Stil sind in auffallend vielen Dörfern oft noch heute die einzige Sehenswürdigkeit. Werke der Plastik, Malerei und sonstiger Kleinkunst gehörten gleichsam zum Reisegepäck der Architekten oder ihrer Begleiter.

Daneben, manchmal auch dagegen, erblühte jene schlichte und überaus reizvolle Volkskultur der einfachen Menschen, die kaum je aus dem Überfluß schöpfen konnten, sondern oft genug mühsam dem kargen Boden und unter erschwerten klimatischen Bedingungen das Brot für sich und für die Tribute an den Landesherrn abringen mußten. In der Art, sich schmuck zu kleiden, so angenehm wie möglich zu wohnen oder ihr Gerät zu zieren, ließen sie guten Geschmack erkennen, entwickelten sie eine besondere Note innerhalb der rheinischen, hessischen oder westfälischen Volkskultur. Die inzwischen fast völlig verschwundene Bauerntracht, Fachwerkbauten, Schnitzereien, Schmiedewerk, Töpferei und nicht zuletzt das vielfältige Brauchtum legen Zeugnis ab von der schöpferischen Kraft des arbeitenden Volkes im Westerwald.

Der Westerwald ist Waldland, wie der Name sagt. Aber mit dem Auftreten des Menschen wurde dieser Wald zunehmend gelichtet. Vor allem der Hohe Westerwald büßte infolge des Holzbedarfes der Erzgruben im nahen Siegerland und durch andere Faktoren einen Großteil seiner Bestände ein. Dort aber, wo feudale Jagdinteressen und Eigentumsverhältnisse den Raubbau am Wald nicht zuließen, blieben große zusammenhängende Forste erhalten.

Wald- und Landarbeit sicherten früher fast ausschließlich den Lebensunterhalt der Bevölkerung. Innerhalb der modernen Erwerbsstruktur haben sie längst ihr einstiges Gewicht verloren. Dagegen hat der traditionelle Basalt- und Tonabbau seine Bedeutung beibehalten. Insbesondere das Kannenbäckerland um Hillscheid, Höhr-Grenzhausen, Ransbach-Baumbach und Morgendorf hat mit seiner Keramikproduktion einen weltweit gültigen Ruf erwerben können. Zusätzlich haben sich vielerorts namhafte Industrien oder doch Zulieferer für diese niedergelassen. Der so hervorgerufene Funktionswandel der Landschaft ist von einem Strukturwandel der Bevölkerung begleitet gewesen. Der wirtschaftliche Aufschwung hat das »Land der armen Leute« zu einer gepflegten Landschaft mit sauberen Städten und Dörfern gemacht.

Zunehmend rückt der Fremdenverkehr in den Erwartungshorizont der Einheimischen, die sich zwischen den Ballungsräumen an Rhein, Ruhr und Main ihres Kapitals an herrlicher Landschaft bewußt werden. Nachdem der früher beharrlich kolportierte Unsinn vom rauhen Klima des Westerwaldes zu Recht wenig Glauben findet, darf man sich hier einige Chancen ausrechnen.

Der »Kleine Markt« in Montabaur vor dem Krieg

KUNSTLANDSCHAFT

Kaum überschaubar und nirgends vollständig registriert sind die Werke von Kunsthandwerk, Plastik und Malerei im Westerwald. Die bedeutenden Werkstätten im Rheinland, in Westfalen und Hessen zeichnen ebenso als Urheber der Kunstwerke, wie lokale Künstler oder die vielen einfachen Kunsthandwerker. Im 18. Jahrhundert konnte eine Westerwälder Werkstatt, die sogenannte Hadamarer Schule, während einer auftragsfreudigen Zeit mit einer Fülle großartiger Skulpturen, Altäre oder Reliefs zur Bereicherung der heimatlichen Kunstlandschaft erheblich beitragen. Stand hier die kirchliche Bestimmung im Vordergrund, so war für die Volkskunst das Fachwerk ein gern bearbeitetes Aufgabengebiet. Prächtige Beispiele sind in den Randzonen des Westerwaldes naturgemäß häufiger. Ausgewählte Schnitzwerke zeigen aber, daß auch im »Innern« gute Leistungen vollbracht wurden.

FREIZEITLAND

Als sich der Westerwald-Verein bei seiner Gründung im Jahre 1888 in Selters zum

Ziel setzte, »den Westerwald zu erschließen und der Heimat zu dienen«, waren das mutige Worte, denn die als hinterwäldlerisch empfundene Gegend bot kaum Anreiz für Erholung und Freizeit. Seither konnten sich einige Orte zu weithin anerkannten Kurorten entwickeln, - Bad Endbach, Bad Marienberg oder Rengsdorf als Beispiele - Teillandschaften sind wichtige Ausflugsziele geworden, etwa die Westerwälder Seenplatte und die Lahrer Herrlichkeit oder das Siebengebirge.

Anstelle weiterer Erschließung, statt ungezügelter Ausweitung von Kapazitäten, gilt es nun, die Qualität zu steigern und vor allem jeden Zollbreit naturnaher Landschaft als Kraftquelle für Mensch und Kreatur zäh zu verteidigen.

WESTERWÄLDER

Den Westerwälder Menschenschlag schlechthin gibt es allen Behauptungen zum Trotz natürlich nicht. Zwar empfinden mitunter die angeblich leichtlebigen Rheinländer die Bewohner der Mittelgebirge als verschlossen. Doch zu allen Zeiten sind die Menschen auf dem Westerwald aufnahmebereit gewesen für alles Gute, was aus den Randtälern zu ihnen gelangt ist. Man hört es schon an der Sprache, die im Übergangsgebiet zwischen der ober- und niederdeutschen Mundart ihre Eigentümlichkeiten entwickelt hat. Wohl im größeren Teil des Westerwaldes spricht man Moselfränkisch, was als Folge der einstigen Vorherrschaft von Kurtrier angesehen werden mag. Im Nordwesten hat dagegen der alte kurkölnische Einfluß seinen Niederschlag in den Sprechgewohnheiten gefunden. Dazu tritt im Süden und Osten ein starker Einfluß hessischer Mundart, der im Zusammenhang mit den nassauischen Territorien und auch dem nachmaligen Herzogtum Nassau mit seiner Hauptstadt Wiesbaden beurteilt werden sollte.

Nach einem gleichmacherischen Trend der ersten Nachkriegsjahrzehnte hat sich das Bewußtsein für die Werte einfacher Volkskultur wieder geschärft, die sich auch in einer neuen Hochschätzung der alten Fachwerkbauweise widerspiegelt.

Schützenfeste, Martinszüge und die »Fassenacht« sind allerdings Importe aus dem Rheinland. Bodenständig ist dagegen der Brauch, zum Nikolaustag den Heiligen nicht als Bischof, sondern als alten Mann auftreten zu lassen, den im Norden Hans Muff, im Süden der Belzebock begleiten. Zu Weihnachten kommt dann das Christkind, mitunter gar in Mädchengestalt! Der Weihnachtsbaum wird mit vergoldeten Nüssen geschmückt. Zum Palmsonntag trägt man »Palmkätzchen« zur Kirche. Die Ostereier läßt man gern im Ameisenhaufen nachfärben - um hier nur einiges zu nennen.

Erfreulich ist die Wiederentdeckung der alten Westerwälder Trachten! Gerade die jungen Leute legen sie wieder gerne an Festtagen an und empfinden sie als besonders chic in Anbetracht der Massenproduktion heutiger Mode.

Zwar gibt es kein Westerwälder »Nationalgericht«, aber doch Kochrezepte, die früher hier gebräuchlich waren. Wo einst die Not die Hausfrau zu schöpferischer Phantasie zwang, entdeckt der verwöhnte Gaumen der Zeitgenossen im deftigen Gericht nach Hausmacherart geradezu eine »nouvelle cuisine«.

DIE LANDSCHAFTEN EINES MITTELGEBIRGES

HOHER WESTERWALD

»Diese kahle, arme, fast nur mit dem grünen Samt der ›Heide‹-Vegetation geschmückte Hochfläche, auf welcher zahllose Basaltblöcke zerstreut liegen, als habe der Himmel in seinem Zorn Felsen gehagelt« - das ist oder war der Hohe Westerwald nach der Schilderung von Wilhelm Heinrich Riehl vor vielen Jahrzehnten. Sieht man von seiner blumenreichen Sprache ab, so hat Riehl durchaus wesentliche Züge der Kernlandschaft unseres Gebietes erkannt. Jahrhundertelang nämlich hatte man Raubbau am Wald getrieben; Holzbedarf der Siegerländer Industrie und andere Faktoren förderten eine ungehemmte Rodungstätigkeit.

Ihrer natürlichen Vegetation weitgehend beraubt, war die Basalthochfläche dem Wind ungeschützt preisgegeben, der über die Höhen »jaikt«. In Emmerichenhain erinnert ein Denkmal an den Nassauischen Forstbeamten Albrecht, der die Anpflanzung von »Schutzhecken« veranlaßte, schmale Fichtenstreifen, an denen sich die Gewalt des Windes brechen sollte. Seitdem haben Forsten die Eintönigkeit des Landstriches gemildert.

In einer Höhenlage von 500 bis 600 Meter treten die höchsten Berge des Westerwaldes kaum landschaftsprägend hervor. Fuchtskauten (657 Meter), Stegskopf oder Salzburger Kopf überragen die nahe vorbeiführenden Straßen nur etwa 60 bis 80 Meter. Im Ursprungsgebiet der kleinen Bäche besitzt das Wasser noch zu wenig Kraft, um tiefe Täler in die Basaltdecke zu schürfen. Durch flache Mulden plätschern die Rinnsale dahin.

Die vor etwa 30 Millionen Jahren einsetzende Vulkantätigkeit hat diese Landschaft geprägt. Das flüssige Magma ergoß sich breitflächig über die Schiefer und Grauwacken des alten Untergrundes, erstarrte zu einer riesigen Basalttafel, die stellenweise beinahe bretteben ist, wie im Bereich des Neunkhauser Plateaus. Gelegentlich haben sich dabei gewaltige Blockgebilde abgesondert, wie Baarstein, Ketzerstein, Kleiner und Großer Wolfstein.

Man muß sich Zeit nehmen, um den Hohen Westerwald lieben zu lernen. Wenn der Wind die Wolken von Westen herantreibt, wenn eine geschlossene Schneedecke ein Gefühl von Grenzenlosigkeit wachruft, wenn die dichten Nebel langsam von der Sonne aufgelöst werden, wenn auf den taunassen Wiesen oder auf brachgefallenem Ackerland unscheinbare, aber längst selten gewordene Wildpflanzen ihre Blüten entfalten.

Hier oben tauchte erstmals der Name Westerwald auf. Die trutzige »Neukirch« im höchsten Dorf des Westerwaldes hält als einzige in den namengebunden Kirchspielen (Stein-Neukirch, Emmerichenhain, Bad Marienberg) etwas von dem ursprünglichen Eindruck fest, den die wehrhaften alten Dorfkirchen jener Zeit ausgestrahlt haben. Doch auch in diese einst so entlegene Gegend strömten von auswärts neue, geschmacksbildende Anregungen.

Die barocke Schweifhaube auf dem Kirchturm von Emmerichenhain, die vielleicht vom Weilburger Schloßbaumeister geschaffene Saalkirche in Driedorf und die bürgerliches Selbstbewußtsein ausstrahlenden Gemeindehäuser von Rehe und Waigandshain stehen als ausdrucksstarke Zeugen für die Architektur ihrer Zeit und die Mentalität der Menschen, die sie in Auftrag gaben.

OBERER WESTERWALD

Ungefähr hufeisenförmig liegt die Höhenstufe des Oberen Westerwaldes vor dem Hohen Westerwald. Man bewegt sich hier durchschnittlich in einer Höhe von 380 bis 480 Metern. Gerne spricht man auch vom Westerwälder »Kuppenland«, denn im Gegensatz zur eintönigen Hochfläche ist die Landschaft jetzt viel stärker gegliedert. Die Häufung von Hügeln und Bergrücken, oft »schopfartig« von kleinen Wäldchen bestanden, und die Eintiefung der Bäche, die zum Teil schon großräumige Täler schaffen, verleihen der Landschaft ihre Vielfalt und Lebendigkeit.

Auch hier herrscht noch der Basalt im Gesteinsuntergrund vor. Manche Aufschlüsse, die der gewerbliche Abbau geschaffen hat, vermitteln Einblicke in die Dramatik der Eruptionen. Beim Abkühlen der glutflüssigen Vulkanprodukte erstarrten diese zu prismatischen Säulen, die gerade ausgerichtet oder in Meilerstellung erscheinen.

Die Talbildung zwang den Menschen von jeher, seine Wege über Brücken zu führen. Mitunter trifft man auf solche alten Bauten, etwa an der Nister. Die Neuzeit schuf mit der Eisenbahnbrücke bei Erbach ein technisches Wunderwerk, das zur Erbauungszeit als größte Eisenbetonkonstruktion Deutschlands Aufsehen erregte. Im Oberen Westerwald kreuzen sich etliche der uralten Fernwege. Solche Plätze mußten durch Burgen gesichert werden oder luden zur Ansiedlung von Ortschaften ein, die nicht selten Stadtrechte erlangen konnten. Hachenburg hat viel von seinem geschichtlich gewachsenen Stadtbild bis heute bewahren können. Westerburg erlangte durch den Bau der Eisenbahnlinien als Verkehrsknotenpunkt neue Bedeutung.

Auch Stifter und Klostergründer ließen sich gerne im Oberen Westerwald Grundstücke schenken. Stift Gemünden und Kloster Marienstatt waren die vornehmsten unter ihnen. Erlesene Kunstwerke künden noch heute vom Reichtum der Chorherren und Mönche. Die Burgen verloren dagegen allmählich ihre militärische Bedeutung. Der Adel verwandelte sie in Schloßbauten, die höchstens im Kern noch mittelalterlich sind.

Die Westerwälder Seenplatte gehört zu den reizvollsten Landschaften des gesamten Westerwaldes, doch verdankt sie ihr Entstehen menschlicher Tätigkeit. Unergiebige Weidegründe wurden schon vor Jahrhunderten durch die Grafen (Fürsten) zu Wied aufgestaut und teichwirtschaftlich genutzt. In den Röhrichtzonen und Uferwäldern hat sich allmählich eine Flora und Fauna entwickelt, die geradezu einmalig für das Rheinland sein dürfte. Indem der Fremdenverkehr das Weihergebiet teil-

Westerburg, Stich aus dem 19. Jahrhundert

weise für seine Zwecke erschlossen hat, sind schwer lösbare Konflikte entstanden.

Im östlichen Teil des Oberen Westerwald, wo das ausgedehnte Massiv des Knoten die Wacht zur Lahn hin zu halten scheint, tritt unter der Basaltdecke wieder das devonische Gestein des Untergrundes, Schiefer und Grauwacken, hervor. Naturfreunde schätzen diese Gegend ebenso wie die Seenplatte. Vor allem das Aubachtal verwöhnt Geologen und Botaniker mit seinen Kostbarkeiten und bedürfte eines wirkungsvolleren Schutzes als bisher.

UNTERER WESTERWALD

Steigt man von den Höhen herab, so beginnt sich die Landschaft augenfällig zu beleben. Nach dem Hohen Westerwald und dem Oberwesterwald bildet der Niederwesterwald nicht nur die nächste und letzte Höhenstufe vor den Tallandschaften, sondern zugleich auch den von der Ausdehnung her größten Teilraum des Gebietes. Wir folgen hier ein wenig der älteren Sprachregelung der Geographie und betrachten die Teile des Niederwesterwaldes gesondert. Mit dem Unteren Westerwald ist dabei die Landschaft innerhalb des von Rhein und Lahn gebildeten Dreiecks gemeint, in deren Mitte ungefähr Montabaur liegt.

Es ist jener Westerwald, auf den bereits die Römer ihren Fuß gesetzt haben. Am längsten schaltete und waltete hier Kurtrier, das von Dietkirchen und Koblenz aus Sendboten des Glaubens und Verwalter neu erworbenen Grundbesitzes auf die Höhen des Unteren Westerwaldes geschickt hat. In Montabaur, wo schon zur Merowingerzeit eine Straßensicherung bestand, bauten sie ihre Burg aus und später zum heutigen Schloß um. Die ausgedehnten Wälder auf der Montabaurer Höhe dienten dem erzbischöflichen Jagdvergnügen. Entlang der in dieser Höhenlage bequem zu befahrenen Straßen hat man mehrfach ähnliche Straßensicherungen angelegt. Die Burgruine Hartenfels oder Schloß Molsberg legen davon Zeugnis ab.

Während sonst Höhenburgen die vorherrschenden Befestigungsanlagen sind, finden wir hier gelegentlich auch Talburgen, die etwa in Herschbach, Boden oder Neuroth schließlich zu anmutigen Wasserschlößchen umgewandelt wurden.

»Karlsheim« in Kirchenähr im Gelbachtal (ca. 1930)

Neuroth wurde von Schloß Molsberg aus begründet, auf dem noch heute die Grafen von Walderdorff ihren Sitz haben. Einer von ihnen brachte es bis zum Kurfürsten von Trier. Ihm und seinen Nachfolgern verdanken wir die erste befestigte Chaussee auf dem Westerwald, von der ein - leicht verändertes - Teilstück bei Montabaur erhalten blieb.

Stifte und Klöster vermochten sich unter der strengen Oberaufsicht von Kurtrier offenbar nicht zu größerer Bedeutung aufzuschwingen. Immerhin hinterließen die Kanoniker von Salz eine von Kunstschätzen reiche Kirche.

Hatten wir bisher den Basalt als Hinterlassenschaft der geologischen Vorgänge während der Erdneuzeit gut kennengelernt, so treffen wir hier auch auf andersgeartete Spuren jener Erdepoche. Es ist »das Gold des Westerwaldes«, der Ton, der aus Ablagerungen flacher Gewässer entstand. Eine blühende Industrie verarbeitet im sogenannten Kannenbäckerland um Höhr-Grenzhausen, Ransbach-Baumbach, Hillscheid und Mogendorf die Schätze der Erde. Gebrauchs- und Kunstkeramik bilden gleichermaßen die reichhaltige Produktion der Betriebe, die sich emsig um Verfeinerung der Verfahren und künstlerischer Techniken bemühen.

Infolge der ausgedehnten Forste zum Rhein und zur Lahn hin gewinnt im Unteren Westerwald der Name unseres Mittelgebirges wieder seine ganz ursprüngliche Bedeutung. Über die Lahn hinweg bis in den Taunus und nach Norden bis hin zum Siebengebirge zieht sich ein fast siedlungsfreier Waldgürtel, durch den schneisenartig die Land- und Bundesstraßen ziehen.

Luftaufnahme von Montabaur vor 1940

VORDERER UND RHEINISCHER WESTERWALD

Der großflächige Niederwesterwald grenzt nach Westen an das Rheintal, wo eine Kette von auffallenden Bergkegeln vulkanischen Ursprungs seine Flanke zu behüten scheint. Im Nordwesten und im Norden sind es abermals Höhenzüge, die ihn zu den Tallandschaften abgrenzen. Das Siebengebirge, als Kleinlandschaft eigenen Charakters, bildet den Eckpfeiler zum Unteren Mittelrheintal und zur Kölner Bucht. Der bewaldete Höhenzug des Leuscheid blickt bereits zur Sieg hinab.

Seit alters her ist diese Landschaft Durchzugsgebiet von Fernstraßen, deren bedeutendste die alte Frankfurter Straße ist, die von Köln herkommend von Hennef an auf den Westerwald steigt. Sie hat in der Autobahn eine moderne Entsprechung gefunden. Diese Straßen haben wohl immer belebend gewirkt und den Anwohnern Güteraustausch und damit Lebensunterhalt gewährt. Man versteht beinahe die Fehden der Erzbischöfe von Trier und Köln, die in diesem Raum lange Zeit um Vorherrschaft rangen. Sehen wir im Süden noch die längst zu Ruinen verfallenen oder zu Schlössern umgewandelten Burgen einst in kurtrierischem Besitz, so wurden weiter nördlich die festen Plätze von Kurköln gehalten.

Auf den Straßen zogen die von Köln oder Trier aus entsandten Priester und Mönche, um eine erste Kirchenorganisation aufzubauen. Ihrer Arbeit verdanken wir direkt oder doch mittelbar die wunder-

Wallfahrtskirche Bruchhausen im Vorderen Westerwald

schönen romanischen Kirchen von Kircheib, Birnbach oder Flammersfeld. Äußerlich recht bescheiden wirkt das Klösterchen der Kreuzherren in einem Seitentälchen der Wied: Im Schatten der Burgruine Ehrenstein duckt sich das zierliche Gebäude von »Liebfrauenthal«. Im Innern jedoch wartet es mit einer für den Westerwald geradezu unvergleichlichen Kostbarkeit auf: den wertvollen Glasmalereien kölnischen Ursprungs.

Da ein Teil dieses Gebietes jahrhundertelang zur Grafschaft oder zum Herzogtum Berg gehörte, sind bergische Kultureinflüsse unübersehbar. Wie an der unteren Sieg ist in der Bevölkerung das auf Berg gerichtete historische Bewußtsein stärker ausgeprägt, als das Zugehörigkeitsgefühl zur Landschaft Westerwald.

Das vernichtende Urteil von Wilhelm Heinrich Riehl über den Hohen Westerwald darf auf diese Gegend keine Anwendung finden. Bis in unsere Zeit ging stellenweise der Bergbau um, woran der Förderturm der Grube Georg erinnert. Steinbrüche, Industriebetriebe und Fremdenverkehr bilden heute lohnende Grundlagen des Erwerbslebens.

In diesem Teil des Niederwesterwaldes hat sich windungsreich der längste Wasserlauf des Westerwaldes, die Wied, sein Bett gegraben. Gespeist aus den Quellgründen der Westerwälder Seenplatte nimmt die Wied hinter Seifen den wasserreichen Holzbach auf, der ebenfalls im Weihergebiet seinen Ursprung hat. Zusammen mit anderen Bächen, die zum Rhein hinab eilen und sich auf ihrem Lauf mühsam und auf Umwegen den Weg suchen müssen – Sayn- und Brexbachtal als Beispiel – ergänzen sie auf ihre Weise die landschaftsprägende Wirkung der rheinnahen Vulkankuppen.

SIEGTAL UND SIEGWESTERWALD

Das Siegtal bildet nur eine verschwommene Grenze zwischen dem Westerwald und dem Bergischen Land im Norden, denn in seinen Ausläufern greift es beiderseits weit in das Bergland hinein. Zudem ist das Bergische Land nicht nur ein Begriff der Erdkunde, sondern hat als Grafschaft und späteres Herzogtum auch in die Westerwälder Geschichte gewirkt. Blankenberg und Löwenburg waren einst bergische Ämter; die heutige Landesgrenze zwischen Nordrhein-Westfalen und Rheinland-Pfalz folgt historischer Grenzziehung.

Andererseits begann auf Burg Blankenberg sozusagen die Karriere der Grafen von Sayn, die so nachhaltig die Geschicke des Oberen und Vorderen Westerwaldes mitbestimmt haben. Heute schmiegt sich zwischen die alten Mauern im Vorfeld der Burgruine die kleinste Stadt Deutschlands, als »Stadt Blankenberg« Titel des gleichnamigen Ortsteils von Hennef.

Als wichtiger Nebenfluß eilt vom Hohen und Oberen Westerwald die Nister herab, deren windungsreicher Mittellauf als »Kroppacher Schweiz« bekannt ist.

Wissen, wo die Nister in die Sieg mündet, gibt mit seiner Industrie schon einen Vorgeschmack vom eigentlichen Siegerland, wo sich noch vor Jahren die Bergleute »Glück auf« zuriefen, ehe dann unter dem Druck ausländischer Konkurrenz die berühmten Gruben stillgelegt werden mußten. Doch konnte man auf andere Industrien und Gewerbe umschalten und die wirtschaftliche Bedeutung dieses Raumes hochhalten.

Das Tal der Heller, die bei Betzdorf die Sieg erreicht, stellte ein eigenes Bergbaurevier dar. Es ist wohl kein Zufall, daß der stattlichste Fachwerkbau der Gegend in Alsdorf bis heute seinen Namen als Hüttenschulzenhaus hartnäckig behalten hat.

Wissen an der Sieg, Stich aus dem 19. Jahrhundert

Das Daadetal vermittelt zwischen Heller und Hohem Westerwald. In Daaden glaubt man beinahe, süddeutsche Atmosphäre zu verspüren, wenn man vor der herrlichen Barockkirche steht, die nichts Vergleichbares weit und breit besitzt. Schloß Friedewald gar, das über dem Daadebach seine Mauern hochreckt, zeigt in der Fassade des Herrenhauses Parallelen zum Heidelberger Schloß. Seine Bewehrung indes stammt aus einer mittelalterlichen Burganlage.

In Siegen begegnen wir auf Schritt und Tritt den Spuren jenes Geschlechtes, das ausschlaggebend an der historischen Karte des Westerwaldes mitgezeichnet hat, des Hauses Nassau. Von mehreren Linien dieser mit den Niederlanden und mit Frankreich verbundenen Dynastie trug eine den Namen Nassau-Siegen.

DILLTAL

An der Dill, dem größten Nebenfluß der Lahn, scheiden sich gelegentlich die Geister. Man möchte hier die Ostgrenze des Westerwaldes festlegen, weil man bei der ersten urkundlichen Erwähnung im Jahre 1048 tatsächlich damit den Wald im Westen des Königsgutes von Haiger oder Herborn verstand. Aber hüben und drüben bleibt sich die Landschaft gleich, wandern wir auf devonischem Untergrund, befinden wir uns im Rheinischen Schiefergebirge. Somit ist das Dilltal eher der wohl betriebsamste Lebensraum innerhalb unseres Mittelgebirges.

Die ehrwürdigen Städte Haiger, Herborn und Dillenburg wecken lebhaft geschichtliche Erinnerungen. Südlich von Kalteiche und Haincher Höhe, den Wasserscheiden zwischen Sieg und Dill, den trennenden Bergzügen zwischen Siegerland und Dilltal und heutigen Grenzen zwischen Nordrhein-Westfalen und Hessen, erstreckte sich die »Herborner Mark«, die seit Mitte des 12. Jahrhunderts Reichslehen der Landgrafen von Thüringen und dann der Grafen von Nassau war. Damals schon scheint die Dillenburg zum Schutz der Nord-Süd-Verbindungen angelegt worden zu sein. Lange vorher hatten die fränkischen Könige in der Haigerer Mark eine Grenzorganisation geschaffen mit Haiger als Mittelpunkt. Herborn, wo zu gleicher Zeit ein Königshof bestand, gliederte sich erst später aus diesem Verband aus.

Die klimatischen Vorzüge, aber auch die Nähe des Siegerlandes hatten schon in vor- und frühgeschichtlicher Zeit Menschen zur Ansiedlung verlockt, wie zahlreiche Grabungsfunde beweisen. Die Kreuzung zahlreicher Verkehrswege, Bodenschätze, gute Voraussetzungen für Ackerbau und Waldwirtschaft veranlaßten die Grundherren und Bürger zu Investitionen, riefen fähige Siedler von auswärts hierher. Kurzum, die Täler von Dill und Dietzhölze haben einen wirtschaftlichen Aufschwung erlebt, der trotz mancher Rückschläge über Jahrhunderte stetig voranschritt.

Davon hat das kulturelle Leben in reichem Maße profitiert. Kriegerische Verwicklungen, Feuersbrünste und neuzeitlicher Kulturvandalismus haben zwar manches vernichtet, aber vieles ist erhalten geblieben. Kostbare Wandmalereien zieren die Wände der Kirchen von Haiger und Ballersbach. Fast alle Seiten städtebaulicher Architektur und Plastik scheinen uns beim Rundgang durch die Altstadt von

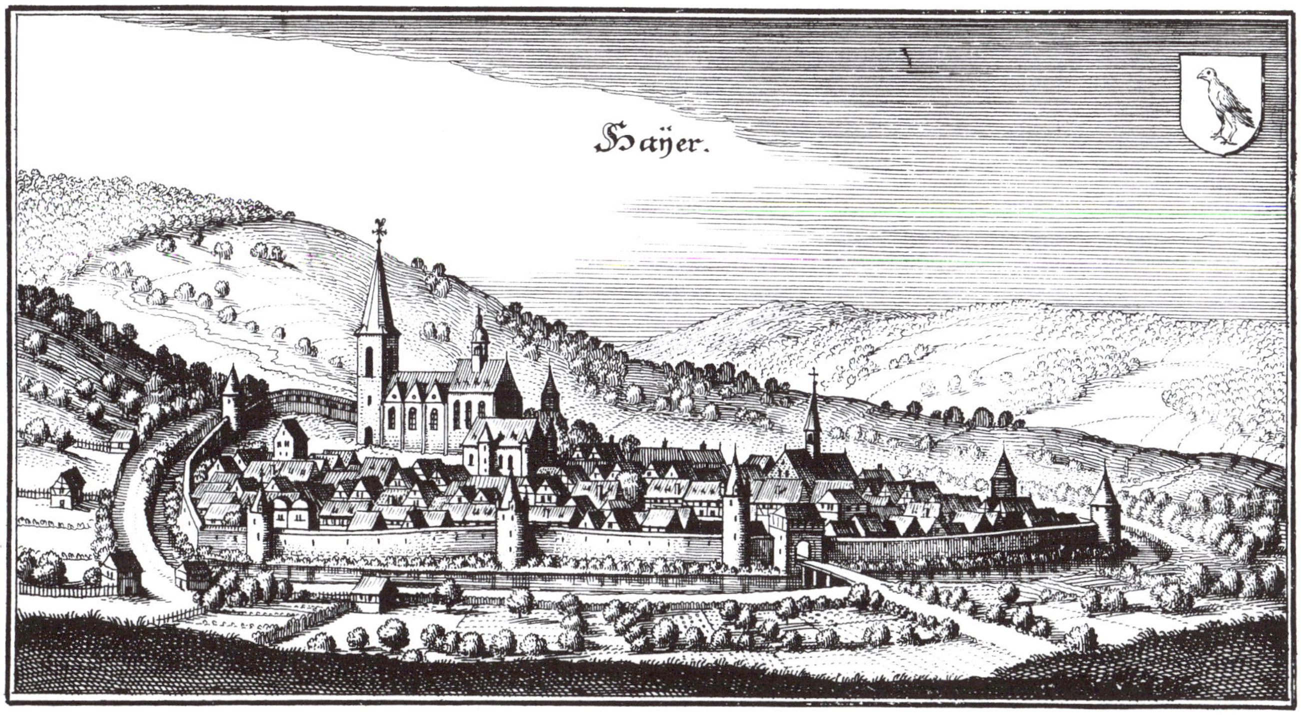

Haiger, Kupferstich von Matthäus Merian (1655)

Herborn vor Augen zu liegen, wo man sich mustergültig um die Pflege des Überkommenen bemüht.

Der trutzige Wilhelmsturm, erst im 19. Jahrhundert als Wahrzeichen der Stadt in dieser Form neu erstanden, öffnet unserem geschichtlichen Rückblick eine europäische Dimension. Wilhelm von Oranien, der Schweiger, der hier 1533 geboren wurde, organisierte am Ort den Freiheitskampf der Niederlande gegen Spanien. Sein Bruder, Johann VI. von Nassau, brachte 1579 die Utrechter Union zustande und verlieh damit dem jungen niederländischen Staatswesen die rechtliche Basis. Eine hochmoderne Heeresreform wappnete Dillenburg glänzend gegen die Gefahren, die von seiten der Türken befürchtet wurden und die während des Dreißigjährigen Krieges tatsächlich gegen die eigenen Mauern brandeten. Seit 1742 war Dillenburg Sitz der Landesregierung für die vereinigten nassau-oranischen Lande. Der Fürst führte seine Amtsgeschäfte in Den Haag.

Im Schutz einer erfolgreichen Politik entfaltete sich reges Geistesleben. Der Stadtschreiber Johann Textor von Haiger schrieb 1617 mit seiner »Nassauischen Chronik« sozusagen die erste Westerwälder Landeskunde. An der Hohen Schule zu Herborn, einer Art Universität, lehrten nicht nur Theologen, sondern auch Mediziner und Naturforscher.

LAHN-DILL-BERGLAND

Der Westerwald findet nach Osten im Lahn-Dill-Bergland oder Gladenbacher Bergland seine Fortsetzung bis kurz vor Marburg. Im Grunde handelt es sich um

Holzappel, Stich aus dem »Album von Nassau« (19. Jh.)

die Südabdachung des Rothaargebirges, aus der die Lahn in weitem Bogen diesen Gebirgsteil herausschneidet, ehe sie sich im Marburg-Gießener Lahntal eine ausgedehnte Talweitung schafft und das Westerwälder Bergland weiter nach Norden zurücktreten läßt.

Die geographischen Begriffe sind nicht immer in das öffentliche Bewußtsein eingedrungen. Der Volksmund nennt den größeren Teil des Ost-Westerwaldes »Hinterland«. Einst meinte man damit das alte Amt Blankenstein (Gladenbach) mit dem Breidenbacher Grund, Biedenkopf und Battenberg, ein Gebiet, das zu Hessen-Darmstadt gehörte, vom Regierungssitz aber durch andere Territorien abgeschnürt und damit aus Darmstädter Sicht eben Hinterland war. Später blieb diese Bezeichnung an dem ehemaligen Landkreis Biedenkopf hängen. In diesem Raum stießen die Interessen der Landgrafen von Hessen und der Grafen von Nassau hart aufeinander, die über die Köpfe des alteingesessenen Landadels schließlich ihre Vormacht festigen und auf Dauer die Territorien gegeneinander abgrenzen konnten. Dieser Umstand mag mit dafür verantwortlich sein, daß sich über die Dill hinaus das Zusammengehörigkeitsgefühl der Westerwälder wesentlich schwächer ausbilden konnte, als das zum Rhein hin der Fall gewesen ist.

Die alten Fehden haben nicht viele Spuren zurückgelassen. Burgen, die früher einmal von großer Bedeutung waren, sind zu kümmerlichen Ruinen zerfallen. Nur Schloß Hohensolms hat einen ansehnlichen Baubestand bewahrt und dient heute als evangelische »Jugendburg«. Ihr Name erinnert an eine weitere geschichtliche

Macht in diesem Raum. Die Grafen von Solms-Burgsolms-Braunfels hatten nahebei als Verbündete von Kurmainz und gegen die Landgrafen von Hessen eine erste Feste errichtet. Am Ort des heutigen Schlosses residierten dann jahrhundertelang die Grafen von Solms-Hohensolms und fügten der buntscheckigen Geschichtskarte des Westerwaldes einen weiteren Tupfer hinzu.

Dieser sonderbare Landstrich hat eigene Charakterzüge entwickeln und bewahren können. Die mittelalterlichen Fernwege und heutigen Schnellstraßen ließen und lassen die Besucher eilends nach Marburg, Biedenkopf oder Gießen weiterreisen. Höchstens Kurgäste verweilen länger in Bad Endbach oder anderen Fremdenverkehrsorten. So hielt sich überkommenes Erbe authentischer als in jedem anderen Teil des Westerwaldes. Am auffälligsten ist sicherlich der Kratzputz. Dabei werden Schmuckformen in den noch feuchten Mörtel oder in den Lehmkern zwischen den Gefachen der alten Häuser eingeritzt oder ausgeschabt. Die Flächen zwischen dem Balkenwerk werden meist farbig ausgelegt, so daß die Ziermotive weiß hervortreten. Das zu Dautphetal gehörende Dorf Holzhausen wurde als Bundessieger beim Wettbewerb »Unser Dorf soll schöner werden« berühmt. Das Westerwälder »Backes« oder Backhaus hat in drei Hinterländer Dörfern – Gönnern, Steinperf und Niedereisenhausen – eine einmalige Abwandlung nach geradezu barocker Manier erfahren.

LAHNTAL UND LAHNWESTERWALD

Unweit der Siegquelle entspringt auch die Lahn, wendet sich anfangs aber ostwärts und umfließt in weitem Bogen den Westerwald, um zugleich dessen längste »Grenze« zu bilden. Auf ihrem Lauf sieht sie Spuren fast aller historischen Mächte, die das politische und kulturelle Schicksal des Westerwaldes bestimmt haben.

Auf vielen Bergen in Lahnnähe hat man Bodenreste vor- und frühgeschichtlicher Ringwälle oder Fluchtburgen – die mächtigste auf dem Dünsberg bei Gießen – entdeckt. Zum Teil künden sie von dem

Kratzputz im Hinterland – Stippverzierung aus Günterod und Friedensdorf

Ringen zwischen alteingesessenen Kelten und nachdringenden germanischen Völkern.

Im Mittelalter erlosch im Ursprungsgebiet der Sieg der kurkölnische Einfluß. Von der Wetterau her hatte sich dagegen Kurmainz in das Lahn-Dill-Gebiet vorarbeiten können, während sich an der unteren Lahn Kurtrier festgesetzt hatte und in Dietkirchen einen Archidiakon amtieren ließ.

In Altenberg bei Wetzlar, in Arnstein und Dietkirchen, in Lahnstein und Marburg erklangen durch Jahrhunderte fromme Weisen von Stiftsherren und -damen. Auf ihre Weise stützten sie aber auch den Anspruch der kirchlichen Oberhoheit.

Den geistlichen Herren boten allmählich die angestammten edlen Geschlechter die Stirn. In Laurenburg hatte jene Familie ihren Stammsitz, die dann auf Burg Nassau residierte und - aufgesplittert in zahlreiche Einzellinien - die Geschicke eines großen Teiles des Lahngebietes und Westerwaldes jahrhundertelang in die Hand nahm. Mit ihnen konkurrierten die Grafen von Solms, die von Wied und von Westerburg, allen voran aber im Osten die Landgrafen von Hessen. Die freie Reichsstadt Wetzlar vermochte sich von aller Bevormundung zeitig zu befreien und ihre Angelegenheiten selber zu regeln. In ihren Mauern tagte das Reichskammergericht, was vielleicht das Vertrauen des damaligen Reiches in die bürgerliche Unabhängigkeit zum Ausdruck gebracht haben mag. Dort im Vorfeld von Wetzlar belegt aber auch die Häufung von Burgen verschiedener Herrschaften, wie begehrt und umstritten gerade das Marburg-Gießener Lahntal gewesen ist. Noch heute lassen die aufragenden Ruinen den Stolz der streitbaren Geschlechter ahnen. Sie alle, Gleiberg oder Vetzberg, Hermannstein oder Beilstein, Weilburg, Runkel oder Schadeck, überragt geographisch und bautechnisch die Feste Greifenstein. Diese größte Burg des Westerwaldes erwies sich als uneinnehmbar und konnte nie bezwungen werden. Ihre Kapelle birgt eines der wertvollsten Beispiele barocker Stukkaturkunst.

Die kleinen Städte an der Lahn scheinen mitunter noch heute vor sich hinzuträumen. Reiche Fachwerkbauten verraten aber frühen Wohlstand. Einige entfalteten sich zu mehr oder weniger glanzvollen Residenzen, wie Weilburg oder Hadamar. Der Name von Nassau drang in späterer Zeit durch den Freiherrn vom Stein in die Weltöffentlichkeit.

SIEBENGEBIRGE

Im Siebengebirge besitzt der Westerwald eine von der Natur geschaffene Schauseite ganz außergewöhnlicher Art. Bereits die Romantiker besangen verklärt das Rheinpanorama. Der Massentourismus schwemmt heute Millionen Besucher alljährlich zu den »sieben Bergen«, deren es eher siebenmal sieben gibt. Alle Deutungsversuche des Namens blieben bisher umstritten. An Berühmtheit übertrifft der Drachenfels mit seiner Burgruine alle anderen. Besucher, besonders aus den Niederlanden, trifft man hier so häufig, daß die Einheimischen über den Drachenfels als den »meistbestiegenen Berg Hollands« witzeln.

Schon in vorgeschichtlicher Zeit besiedelt, weckte die strategische Bedeutung des Felsens noch im Mittelalter die Begierde der Mächtigen, in erster Linie Kurköln, die Grafen von Nassau und von Berg. Eine sanftere Inbesitznahme erfolgte gleichzeitig oder später durch Mönche. Im Kloster Heisterbach fabulierte der Prior Cäsarius einst unermüdlich vor seinen Novizen. Seine Wundererzählungen gestatten aber zwischen den Zeilen unendlich viele Einblicke in das Alltagsleben während des 13. Jahrhunderts, verraten so viel von der damaligen Mentalität, daß sie zu einer erstklassigen Quelle für die Kultur- und Geistesgeschichte geworden sind. Von seiner Abtei blieb nur die immer noch imposante Kirchenruine übrig, alles andere fiel geschäftstüchtiger Barbarei zu Beginn des 19. Jahrhunderts zum Opfer.

Oberpleis im Vorderen Westerwald, Ansicht aus der Vorkriegszeit

Besser erging es der von den Siegburger Benediktinern gegründeten Propstei zu Oberpleis, wo immerhin noch ein Flügel des alten Kreuzganges und die Kirche erhalten blieben. Letztere stellt eines der bedeutendsten Kunstwerke des Niederwesterwaldes dar. In der um 1200 fertiggestellten romanischen Pfeilerbasilika steht auf dem Altar ein dreiteiliges Tuffrelief aus der Bauzeit, das die »Königin der Apostel« darstellt. Pleisbach, Rhein und Kasbach umschreiben einen ausdehnungsmäßig kleinen Raum, den das Kunstschaffen früherer Generationen reich ausgestattet hat.

Noch verschwenderischer hat es die Natur gemeint! Der berühmte Alexander von Humboldt nannte das Siebengebirge das »achte Weltwunder«. Er dachte dabei weniger an die landschaftliche Schönheit, die von den Dichtern gepriesen wurde, sondern an die erdgeschichtlichen Zeugnisse. Die Berghöhen sind nämlich Überbleibsel eines riesigen Vulkans, der in mehreren Eruptionen aschenartige Tuffe und glutflüssige Lava an die Erdoberfläche schleuderte. Jeder Ausbruch förderte Material von wechselnder Beschaffenheit, jedesmals erfolgte die Ablagerung andersartig. Als Wind und Wasser die Tuffdecke abgetragen hatten, blieben die erkalteten Lavakerne übrig, Berge aus unterschiedlichem Gestein. Es handelt sich vorwiegend um Trachyt, Latit (Andesit) und Basalte.

Nur schamhaft vom Wald überwucherte Wunden lassen ahnen, daß beinahe das ganze Gebirge dem Gesteinsabbau zum Opfer gefallen wäre, doch dagegen wehrte sich bereits 1827 eine Bürgerinitiative. Der Drachenfels wurde schließlich erster geschützter Landschaftsteil Deutschlands. Der Große Weilberg gewährt den besten Einblick in die Naturgewalten, die hier am Werk waren, lange bevor der Mensch die Erde betrat und sich vermessen als Krone der Schöpfung wähnte.

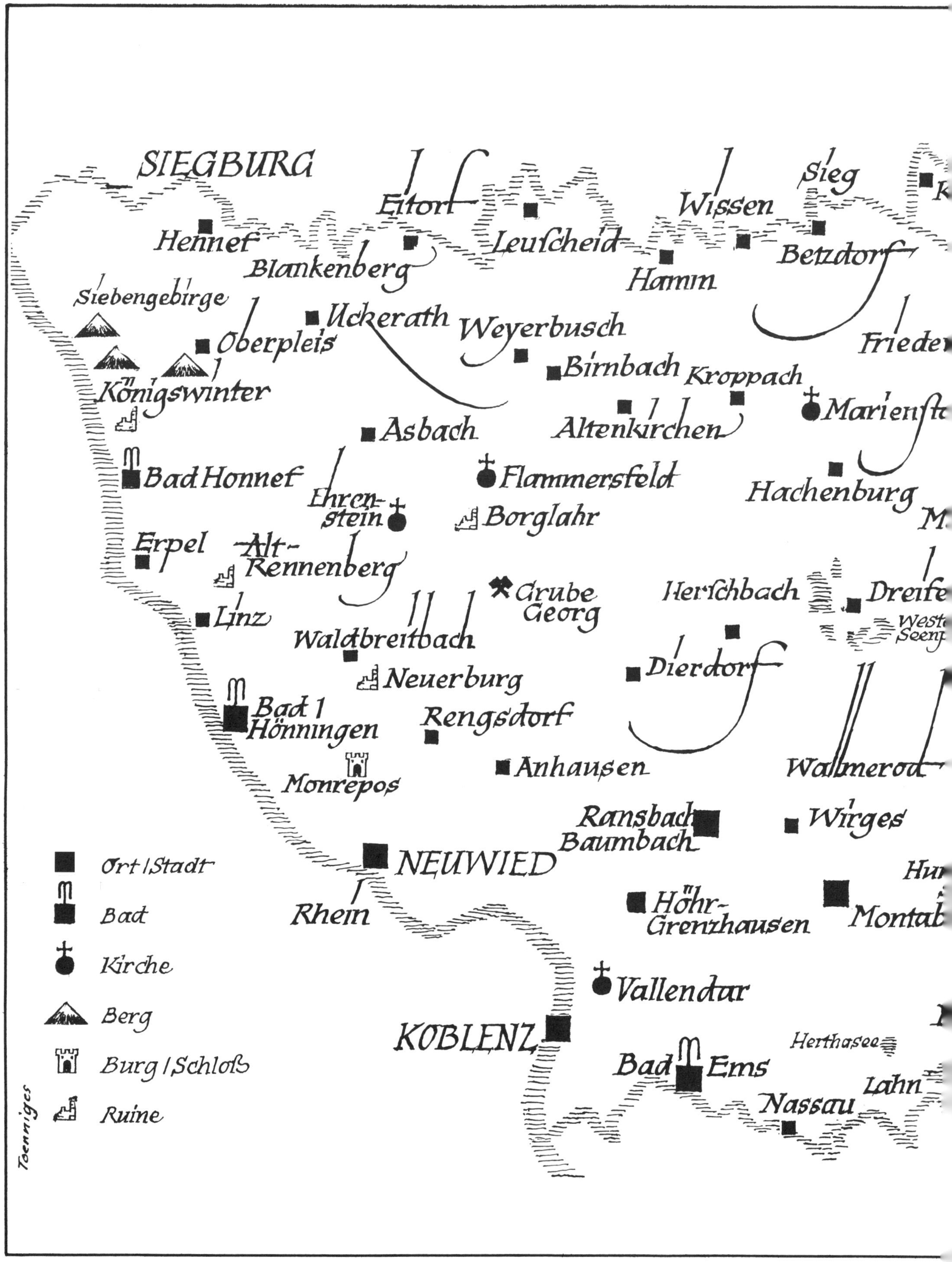
SIEGBURG
Eitorf
Wissen
Sieg
Hennef
Leuscheid
Betzdorf
Blankenberg
Hamm
Siebengebirge
Uckerath
Weyerbusch
Oberpleis
Birnbach
Kroppach
Friede
Königswinter
Marienst
Asbach
Altenkirchen
Bad Honnef
Flammersfeld
Hachenburg
Ehrenstein
Borglahr
Erpel
Alt-Rennenberg
Grube Georg
Herschbach
Linz
Waldbreitbach
Dierdorf
Neuerburg
Bad Hönningen
Rengsdorf
Monrepos
Anhausen
Wallmerod
Ransbach Baumbach
Wirges
NEUWIED
Rhein
Höhr-Grenzhausen
Montab
Vallendar
KOBLENZ
Herthasee
Bad Ems
Lahn
Nassau
Ort/Stadt
Bad
Kirche
Berg
Burg/Schloß
Ruine
Toenniges

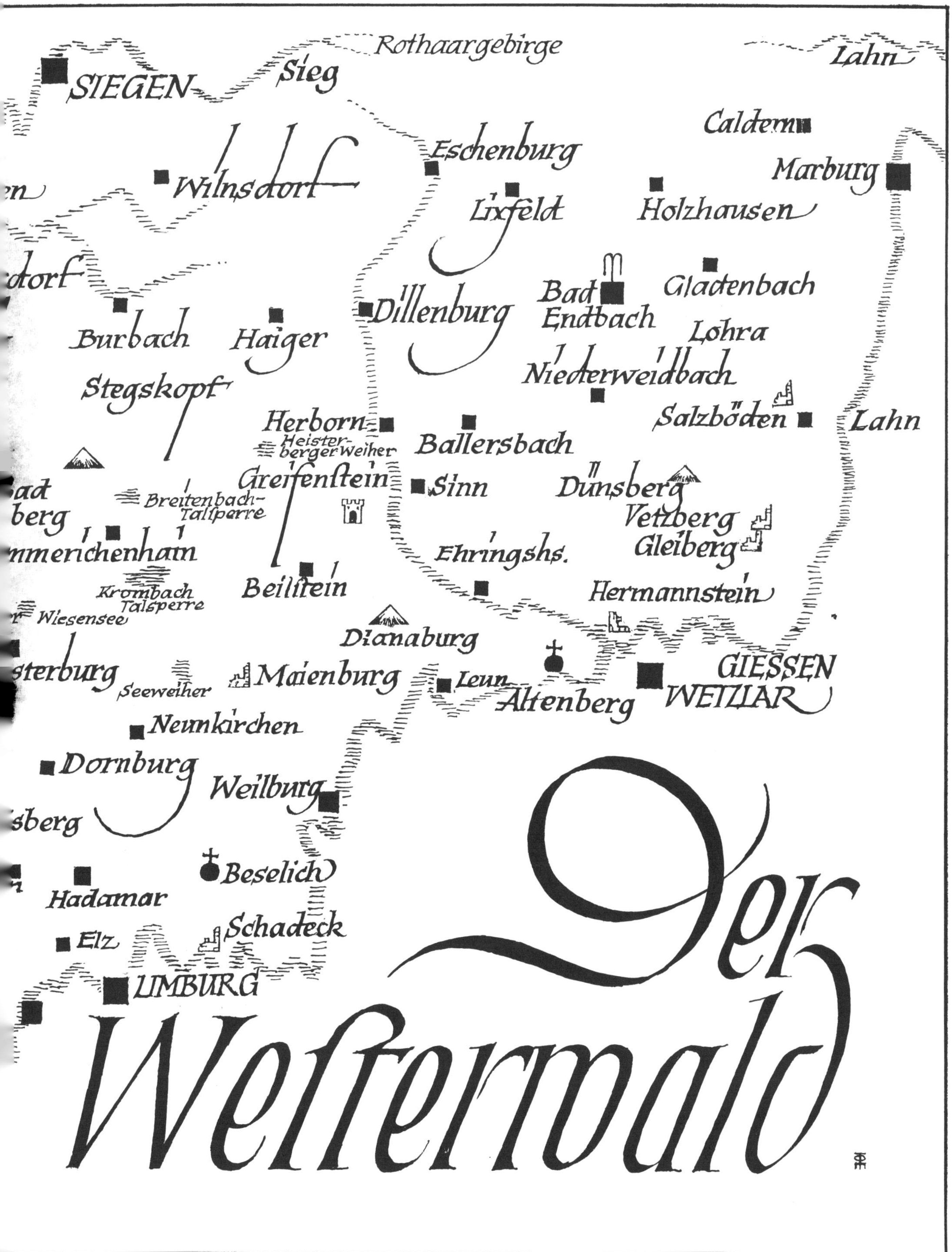

Rothaargebirge
Lahn
SIEGEN
Sieg
Caldern
Eschenburg
Marburg
Wilnsdorf
Lixfeld
Holzhausen
Gladenbach
Bad Endbach
Dillenburg
Burbach
Haiger
Lohra
Niederweidbach
Stegskopf
Salzböden
Lahn
Herborn
Heisterberger Weiher
Ballersbach
Greifenstein
Sinn
Dünsberg
Breitenbach-Talsperre
Vetzberg
Gleiberg
Ehringshs.
Beilstein
Hermannstein
Krombach Talsperre
Wiesensee
Dianaburg
Maienburg
Leun
Altenberg
GIESSEN
WETZLAR
Seeweiher
Neunkirchen
Dornburg
Weilburg
Beselich
Hadamar
Schadeck
Elz
LIMBURG
Der Westerwald

ORTSVERZEICHNIS

Kursiv gesetzte Zahlen verweisen auf die Farbabbildungen.